SIEMPRE NADA

Celso Fernández

Prólogo de Juan Carlos Abril

COLECCIÓN ITES

SIEMPRE NADA

© Celso Fernández Fernández
© del prólogo: Juan Carlos Abril
© de esta edición: Olé Libros, 2024

ISBN: 978-84-19589-41-5
Depósito legal: V-162-2024
Impreso en España

KALOSINI, S. L.
Grupo editorial olélibros
equipo@olelibros.com
www.olelibros.com

Cuando Stéphane conoció la palabra rien *(nada), abolió la totalidad de la persona y su ausencia fue ocupada por la palabra. Buscaba la totalidad o el absoluto y encontró el vacío y la nada y con este vacío y esta nada se fundió: la ausencia absoluta o nada.*

ANTONI MARÍ, *LIBRO DE AUSENCIAS*

A Paco, quien siempre es todo.

PRÓLOGO

La reflexión poética y vitalista de Celso Fernández

A menudo decimos que le faltan horas al día para completar todas las tareas que tenemos que realizar. Vamos con la lengua fuera y, en el frenesí cotidiano, hay que detenerse a escuchar la palabra reflexiva, esa que ha madurado con el tiempo y que ha comprendido un puñado de buenas razones sobre lo que verdaderamente importa: «Yo me quedo aquí dentro / desde donde os ofrezco la razón de la ausencia, / la muda condición del enemigo / y puede que el dolor. / No sé. / Puede que nada» (del «Epílogo», el poema titulado «Razones de la ausencia»). El poeta se debate en la ausencia, entre el dolor de decir y no decir, en la ausencia del diálogo, en el silencio, quizá la situación más terrible que pueda establecerse entre dos, cuando no es buscado, o cuando es impuesto. El silencio como ausencia de palabras, no como origen metafísico de la palabra, que ya nadie se cree, sino como constatación del fracaso del diálogo entre las personas, especialmente del diálogo sentimental. El poeta se siente impotente ante la imposibilidad de domeñar becquerianamente el idioma, saber que el lenguaje no llega a expresar o describir todos los rincones de los sentimientos.

Siempre nada, de Celso Fernández, es un libro de poemas que reflexiona acerca de la existencia, pero nunca desde el egoísmo individualista, sino desde la relación con el otro. «Se abre la tarde inquieta / al absurdo baile de la nada. / un silencio lejano de trompeta / como un

9

jazz dejado al paso, / me exonera del llanto y la palabra. / No busco nada que no hubiera ya encontrado / en otro baile absurdo de otra tarde cualquiera» (del poema «Para nada»). Vemos así que el poeta es consciente de sus realidades más próximas, del trágico destino de la soledad del sujeto contemporáneo, y que igual que «El hombre de la multitud», de Edgar Allan Poe, nunca estamos más solos que cuando nos encontramos en medio de la muchedumbre. La herida romántica se abre en dos, por un lado en la imposibilidad de comunicar con palabras los sentimientos, y por otro en la imposibilidad de acercarnos al otro. Se trata de una individualidad donde se pone en juego nuestra relación sentimental con el otro y con el mundo, donde lo que importa son los sentimientos y las emociones, los cuales nos constituyen y nos definen. En torno a ellos giramos, esa es la música de las esferas de la posmodernidad.

Ciertamente la poesía solo puede concebirse como ejercicio de la reflexión, pensando lo que decimos lejos de la velocidad, las prisas, y las corrientes de opinión hegemónicas. Poesía como territorio en el que desarrollamos nuestra propia conciencia. Poesía como espacio crítico del no, frente a la aceptación sumisa de los dogmas de la velocidad neoliberal. Si el poeta es el pastor del lenguaje, ya que el lenguaje es la esencia del ser —en su famosa *Carta sobre el Humanismo* Heidegger lo dijo, y es cosa verdadera—, tenemos al menos aquí la primera razón para elevar la poesía a la categoría de lenguaje quintaesenciado, que bien podría aducir Pedro Salinas. El poeta debe huir de la prisa. Celso Fernández nos ha entregado un libro maduro y madurado, lejos del mundanal ruido, porque la poesía huye de la prisa. La poesía es ese espacio de reflexión del lenguaje y, como tal, necesita lentitud. Ahí encuentra su ser, y se constituye desde la lentitud. Alfonso Berardinelli, haciéndose eco del libro homónimo de Benedetto Croce, afirma que la poesía es o no es, en su magnífico *Poesia non poesia*. Ciertamente así sucede. Y la poesía de Celso Fernández es.

El poeta puede perder el fin de semana —o el tiempo necesario— buscando el adjetivo preciso. De este modo la poesía se erige como reivindicación de la lentitud y, por ende, rebeldía e inconformismo frente a la sinrazón frenética del capitalismo avanzado. «Insisto en la tarde más lenta del mundo; / en la grieta de un sueño un rumor se perfila / mientras pienso que eso que está ahí pero no alcanzo / acumula en su seno / todo lo que es olvido», escribe Celso Fernández en el primer poema de este *Siempre nada*, «Olvido», confirmando que en la reflexión y en el detalle se hallan esos gestos que pueden rescatarnos del olvido cotidiano, y que lo que nos importa respira y late al margen de las prisas, que es esa madera azarosa que encontramos en el océano de los naufragios, en la velocidad de esta sociedad despiadada. Un poco antes, y siempre en el mismo poema, se nos hace ver de manera poética una de las leyes básicas de la comunicación y la semiótica: lo que se dice es tan importante como lo que no se dice, porque lo que se dice comunica tanto como lo que no se dice, ambos son expresión, en su debate con la representación, y en los silencios se halla tanto significado como en el contenido en sí. ¿Qué sería el lenguaje si no llevara implícitos los silencios, las pausas entre palabra y palabra, en la cadena del discurso? El lenguaje no es solo un *saber*, sino un *hacer*, confirmando en la praxis las teorías cognitivas y pragmáticas. «Entre lo que hago está lo que no digo / lo que nunca entenderé / y este cuerpo que es mío», confirmando la fractura del yo frente al sistema, de nuestros deseos nunca realizados en un sistema que nos genera como sujetos insatisfechos permanentemente. Celso Fernández lo corrobora en «Algo se me escapa», y ese algo se encuentra en «la música que oigo, en los libros que leo / en los atardeceres que imagino cuando cierro los ojos». La poesía es la confirmación de todas sus impresiones.

Esta experiencia sensible podría rastrearse en todo este *Siempre nada* como uno de sus asideros, cuando mira la lluvia y cierra los ojos, cuando siente las pisadas en la noche o, con la ventana abierta, cuando deja que entre una melodía nocturna, como aroma de jazmines, y que dialogue con el silencio no solo exterior, sino también interior. El poeta como vigía en la noche, como la voz de la inquietud de la conciencia, como última razón poética que nos mantiene vivos, en palabras de María Zambrano. Frente a la velocidad y las prisas, frente al sistema salvaje neoliberal que nos invade, frente a las corrientes de pensamiento deshumanizadas y frente a la insensibilidad y la banalización del mal, necesitamos poesía. Quizá no nos haga mejores, pero sí caminaremos hacia la justicia, porque el poeta siempre se situará en contra de la injusticia social desde su postura ética y estética, y la intimidad es una respuesta ante todo eso. Celso Fernández nos ha dado un poemario íntimo y cómplice en torno a lo que significa la reflexión sentimental del individuo frente a la sociedad, la reflexión de la palabra poética frente a los discursos hegemónicos, y la complicidad del silencio y el lenguaje de la intimidad como materia que se aferra al mundo sensible, frente al vacío y la nada. El mundo sensible de la poesía, su apuesta vitalista, nos salva de la nada. La poesía es ese contorno del vacío, tan necesario.

Miras la luz y gritas.
Luego te calla el viento, el aire te apacigua
como debajo de agua.

Ya no existen palabras.

Buscas la luz de nuevo; se abre el amanecer
y es un vértice, una esquina
que hay que doblar sin fuerza
hacia donde gira el mundo
y abre el día,
para todo
o para nada.

(del poema «Nada»)

Eso es sin duda la poesía un todo y una nada que nos condena a renunciar, pero que a la vez nos consuela. Y la poesía de Celso Fernández nos da un buen puñado de razones para asirnos al mundo.

Juan Carlos Abril
Granada, 7 de enero de 2023

Sentidos de la noche

Olvido

Cogido a tu mano
deslizas en el beso que no espero
la pausa de una hoguera congelada en el gesto.
Evito así la tarde
y el paso de estos días,
disparates, avisos, amenazas,
la locura de un viento que derriba las formas,
apariencias que al soplo de una simple palabra
dejan lastrado el cuerpo.

En todo lo que hago, está lo que no digo,
el veneno de un signo que la mano no alcanza
emitiendo señales de estupor en la noche.
El enigma de algo resbalando en el hueso
con el ritmo de un grito
y que oscuro me llama.

No sé cómo decirlo:
cuando cierro los ojos y atardece,
cuando esta ciudad comienza a ser un eco
de sí misma,
entonces me interpela un hueco en el estómago,
un giro de la tarde
y resuena una herida alcanzando un momento
de confusa derrota.
Y me aferro a tu cuerpo, enredado en tu mano.
Insisto en la tarde más lenta del mundo;
en la grieta de un sueño un rumor se perfila
mientras pienso que eso que está ahí pero no alcanzo
acumula en su seno
todo lo que es olvido.

La lluvia

Llueve como caen las cosas que esperamos,
todas juntas, de pronto, en un brusco desvío,
como un torrente ingrato que sin embargo limpia
atardeceres turbios,
sus fachadas sin luz.

Asfalto, calles,
agua y bruma.
Sonido del agua que es un canto del tiempo.

Un crepúsculo húmedo, un olvido,
un recuerdo que inunda todo el ancho del mundo
y se sostiene en algo,
no sé en qué cosa,
acaso en el vacío,
me acoge como un manto.
Soy todo lo que da de sí la noche
y en el agua me tiendo a esperar la mañana.

Roza el espacio un aire de cansancio,
una vuelta de rosca que hiende el horizonte
y este cuerpo agotado que quiere ser de escarcha
y fundirse en la lluvia para evadir su carne.
Soy como la música misma,
suspensión de los sueños.
En el aire respiro abandonado al tiempo.
Sueño que acoge todo lo más humano
que puedo ofrecer desnudo y sin motivo.

Llueve tanto que el tiempo se interrumpe
esperando que amaine,
como en un arca antigua,
a ver si al fin el mundo vuelve a empezar de nuevo.
Cae la lluvia y el agua pasa llevando el lodo.
Agua pura,
     vigilia entre las sombras,
me abraza en un susurro,
sosiego que atraviesa el tiempo y lo suspende.
Agua que vela la noche,
                        cercana noche cerrada.

Puedo cerrar los ojos.

SERENATA NOCTURNA

A veces en la noche ladra un perro.
Entonces te despiertas y vagamente escuchas
el silencio del mundo.
Un niño llora o el aire ulula quedamente.
Da igual.
Lo mismo te levantas
y andas por la casa.
Después en el sofá pasa el tiempo de luna.
Vuelve a ladrar el perro,
un sonido que ampara a un hombre solo
que siente que persiste
                        y, a lo mejor, respira.

Hace frío.
No importa.
No hay reproches,
no hay nada.
Acaso esta atención que prestas a la noche
como abriendo las palmas de las manos
para dar o recibir todo el peso del mundo.
Ladra un perro que canta una balada triste,
cuyo eco dibuja la calle aniquilada
de la ciudad que duerme.
Oyes el hueco inmenso
del universo en calma.
Entonces, en la noche
de nuevo un perro ladra
y tú sonríes.

Cierras los ojos luego
y te abandonas al fluir sin fondo de las cosas.
Duermes después.
Un perro ladra
y una sonrisa absurda se dibuja en tu rostro
para una luna sin brillo
que nada te pregunta.

NOCHE DE CENIZAS

*A Guillermo Fernández Rojano, tras
la lectura de su libro* Bolsa de cenizas.

Toma esta bolsa de cenizas, aquello
quemado en esta indiferencia de todo lo que daña.
Guillermo te la ofrece como un murmullo estéril,
destello improductivo que en el dolor deshace
el cuerpo de esta noche:
cerezas humilladas que crecen en la angustia,
el desorden de un duelo que destroza los cuerpos
y desmembra en los ojos
todo lo que promete el alba.
Rondan las hijas pequeñas de la ira,
la herida agazapada en una madriguera
allí donde la luz sin fuente ni argumento
ahoga su calumnia, la sangre de esta muerte
demorada en el cuarto.

Abre la bolsa de cenizas.
Tómalas poco a poco, pequeñas
cucharadas de espanto que se ahoga
y del amor retiene el frío de las venas
o el fuego de un impulso de huesos en la noche
que quedan en la cama vacíos, esperando.
Cenizas de una bolsa,
desechos del rescoldo de un fuego coagulado
en la lengua insensata de un rumor en la sangre.

Somos aquellos que dilatan sus sueños
deseando vivir del lado de otro día:
otro tiempo detrás de la persiana
de una estancia vacía, habitada de sueños
alienta una esperanza que ahora no asimilas,
no encuentra su lugar
ni lo pretende.

Cenizas de este invierno, venganza desvelada,
verdades o mentiras,
(polvo negro que cede al aire de la noche)
y se posan hambrientas de rencor y amargura.
Pesadilla de un hombre que se mira en la sombra,
reliquias o despojos de una carne sin cuerpo
que a la noche proyecta un cadáver y un fondo
traspasado del aire de la estancia vacía invadida de olvidos.
Mientras, abres la bolsa,
las cenizas derraman su rumor resentido
y algo queda en la carne, en los huesos dejados
al albur de la noche, que parece agredirte
cuando pasas las páginas y las frases perfilan su rumor
                                              [de cuchillo,
se desangran las manos, el abismo se tienta las paredes
                                              [deshechas
de esta noche maldita,
y destila un veneno y es entonces
que todo se deshace en la nada
se disuelve en lo oscuro y parece mentira.

O LORD WHOSE MERCIES NUMBERLESS

Por la ventana abierta
interrumpe el silencio el inicio de un canto.
«Oh lord, oh lord». Qué llanto viene a mí,
qué prodigiosa voz me alcanza,
quién interrumpe ahora el vacío del sueño
y me suplica un gesto que no es gesto:
la salvación del mundo.
Oigo la voz, callo y escucho.
Es el alma rendida, la demanda
que de un lejano interior nunca expresado
dice del corazón algo como un llanto
que fluye devoto de su propia tristeza,
insensato.

La mirada interior
quizá no vea nada,
tal vez renueve imágenes
que luego se convierten en ondas
en el aire de un templo interior,
donde demandas la piedad
o algo así como un don:
puede ser la noche de lluvia sobre el rostro,
la luz amarillenta del farol en el parque,
estar solo en lo oscuro
donde no habita nadie el mundo ni sus sombras.
Es la queja amarga que dialoga,
que llora el desamparo de todo universo.

Calla, calla, no sigas más.
Pintas como la voz de un fiel recitativo
el vuelo de un ángel que juega con tu canto
y es una maravilla, sus alas en tu lengua
dejando fiel constancia del paso de un silencio
de estrellas en la noche.

Calla, así, como lo haces ahora.
Queda impregnada la noche con tu voz
y esa tristeza tuya que pide y no es saciada.
El ángel continúa rozando con sus alas
el aire íntimo, en penumbra, de mi cuarto.

Ya nada queda por decir.
Solo el silencio.

(*Saul.* Handel)

Un plazo de tiempo

Recojo el tiempo transcurrido
por no dejar tiradas por el suelo
las cosas que quieren mantenerse,
resistir un poco más, aunque no puedan.

Cierro el cielo de este día que agota su horizonte.
La música acompaña este momento,
clausura las distancias opacas que se apagan
con un vago ocultarse al cerrar de los ojos.

Pienso en todo lo que dejo,
en todo aquello aún no conseguido,
en el plato infeliz de la balanza que cae sin contrapeso
hacia el lado de donde viene el mundo
pidiéndome tanto a cambio de tan poco.

Permito que este muelle que deja en el suspenso
exterior la noche entera,
desdeñe esa respuesta
que no espero.

Tumbado en el sofá, apago los deseos.
Me acoge el abandono.
El cuerpo se deshace entre los dedos.

Lo párpados clausuran
un espacio acabado.

Respiran los minutos su lento pentagrama.

La noche se incorpora al tráfico del sueño
y yo me quedo quieto
y eludo el pensamiento.

UN LUGAR EN LA NOCHE

«Corre el riesgo de un vuelo en el aire sin tránsito».
LEOPOLDO MARÍA PANERO

Esta noche la luna parece una venganza.
Exuda luz que acecha el frío de un deseo
suspendido en el día,
la escarcha de un silencio después del exterminio
del día repetido en el viento que gira
y se busca a sí mismo
en sus causas vencidas,
con un riesgo de nube en lo oscuro que tiembla,
un vapor que se cierne en el aire sin forma.

Derraman las ventanas la sombra hacia la calle
más allá del tumulto de una casa vacía
y el temor del regreso de la noche, que insiste,
siempre un pulso de heridas y confusas preguntas,
un fluido oscilando a través de tu cuerpo
y te lleva hacia el fondo de un espejo que grita
una faz que no quiere ir de vuelta a lo oscuro.
Es confuso el temblor de la angustia que vuelve
y en la esquina una lámpara ya no puede evitarla.

Agitada revuelta de un silencio en la casa,
un aliento de nieve
que regresa e insiste
en cercar una ausencia
y entregarte a la nada.

***

En el aire estancado de una estancia vacía todo vuelo fracasa.

[Piensa

solo un momento
qué te espera mañana.
Ceremonia que hunde
su insensata raíz en un foso profundo.
Esta noche la casa
corre el riesgo de ser un lugar sin salidas. Todo
tiende a fundirse en lo denso del sueño, seducción
de abandono,
una almohada de humo donde dejas morir las ideas que

[vuelven,

pobres muertas vencidas, el vacío que silba
y las borra en el aire. Cómo mueren
sin vuelo en el soplo estancado de esta estancia vacía.
Es la noche que siempre deja secos los sueños.
No respires, no digas, no levantes las manos
porque inquietas las horas
que terminan hundiendo el filo de una ausencia.

***

Esta noche querría llamarme por mi nombre
y esperar a ver si obtiene una respuesta
su breve expectativa,
o quizá, simplemente,
si el tiempo me devuelve
del pozo de la ausencia
el eco de un vacío:

silencio, un viento, nada.

La habitación vacía, la lámpara,
el fracaso, la lluvia que ahora empieza,

el éxito, la rabia, piezas de un desamparo
que te devuelve al sitio donde ubicar
un gesto de abandono
y existir en el aire que presiente el desastre
y que busca en las sombras eso que no conozco,
eso que ya he olvidado,
eso que nunca fue.

Esta noche que insiste no será derrotada
y la espero sentado,
olvidado en lo oscuro
o quizá dando vueltas al tiempo detenido,
donde nace el engaño,
                      y la palabra,
allí donde la nada es siempre todo.

EL PESO DE SU CUERPO

(A causa de Contracorriente, *de Javier Fuentes López)*

*«El mar es un olvido,
Una canción, un labio;
El mar es un amante,
Fiel respuesta al deseo».*

LUIS CERNUDA

I
Los hechos

Observas el mar:
es el alma del mundo.
El pueblo dibuja los contornos
de un círculo sagrado
donde el tiempo transcurre sin pasar ni pararse.
Procesiones con fe,
                    luto y paisaje
dibujan el discurso tranquilo de las horas
(una paradoja, porque el paisaje acaricia
como un feliz presagio
los dos cuerpos que ruedan por la arena).

Digo que en el amor
la confusión prevalece;
es una sucesión de abrazos y figuras,
olvidos y derrumbes,
esbozos de palabras que alientan al paisaje,
un susurro de signos que ahogado se trastorna.
Las rocas los acogen abrazados
allá donde las olas no recelan.
Nadie entorpece su momento
ni interpone entre ellos juicio alguno.
Pero cómo ocultar
al corazón que late su latido;
cómo levantar el velo que más tarde
oculte las miradas
en un sueño mentido,
vertido entre las sombras,
pantomimas de nada,
                    el anverso del mundo.

Y hasta entonces qué hacer
si no es dejar caer la piel
sobre la piel que arde:
un discurso de manos sobre la carne ávida.

El tiempo es una aldaba;
su golpe rompe un sueño enamorado.
Ahora que algo duerme,
que todo es un abrazo y calla,
habrás de levantarte
y ser, recomponiéndote,
aquello que se espera,
aquello que te nombra
vecino y dice hermano,
y llama padre,
te invoca en un muchacho,
te sabe pescador
y nombra otros pesares.
Negarte por un pueblo
después de haber vivido
te exigirá palabras
—«yo no soy como tú»—.
Según avanzas vas oscureciendo el cielo
y tras de tanto esfuerzo
conquistarás la nada.

Toma el viento que corre
y nunca te demores.
Hay quien te espera.
Negarte por un pueblo,
negarte tantas veces,
negarte por negarte

no podrá evitar la memoria del tacto,
ni el pálpito sonoro de la tierra en tu cuerpo,
del centro de otro cuerpo que sigue en el aroma
del día y de la noche.

La resaca del mar
jugando a que el olvido
devore un tiempo fértil
invoca este nocturno aviso de silencio.

II
AUSENCIA

El mar es otra vez dibujo
de una aldea acostumbrada.
Primero la faena —la pesca—
y luego la amistad y la cantina.
Algún entierro local según avanza,
parece derramar las normas
que envenenan la luz del sol y la mañana.
Todo cerca tu amor,
estrellas que se apagan
inventan el silencio.
Redes dispuestas al trabajo
visten de humanidad el horizonte.
Rompen las olas,
las oyes y no evitas
que traigan su recuerdo
y el beso que al final te hurtara como un pacto;
su sueño en el que piensas
como un cuerpo dejado al abandono
del grito de la arena.

* * *

Qué extraña sensación,
la noche se platea y es profunda.
Estás aquí mirándola y te inventas
allá, del otro lado.
Presencia duplicada,
ya no te reconoces. La ausencia
es esta noche el cerco del deseo
—«ya soy como tú»—.

Lo que de ti es afán es lo que existe
y vuela con el cuerpo de los sueños.
Si fuera posible acudir al olvido
a lágrimas que dieran al tiempo
su dolor,
descomponerlo en agua y darlo al agua,
dejarse abandonar en esta ausencia
o dejarse vencer por quien te espera
y acudir a su cuerpo
y decir estoy vivo
y caer derrotado de tan dulce fracaso.

III
CUERPO Y SOMBRA

Dame el regalo de esta mañana, ahora
que el cielo azul sostiene el mundo,
y que la vida es el mar rendido a su oleaje.
El sol ya se recuesta furioso con la arena.
Dame el silencio cegador de esta mañana
que sirve de refugio al agua que la lame.
¿Has visto alguna vez un don igual
al de este día?

Dime, aunque al fondo de las cosas
el agua es un sonido que acompaña
y tú escribes el día en el trabajo,
¿no es ese que te mira
aquel que tú esperabas, que vuelve,
que espera encontrarte
como traído aquí, desde la nada?

Sois solo dos, parados, que se miran,
pupilas atrapadas sin voluntad ni reposo.
Corre el tiempo y no pasa.
Se dilata el paisaje y sois en él
el curso inagotable de las cosas,
todo lo que se queda enredado en las algas,
esas manos que atrapan el sol
y se escabullen después
al fondo de la boca.

Dime, quien viene a ti
           ¿es su cuerpo o la sombra de su cuerpo,
certidumbre o idea de certeza
y te atrapa en tu asombro
           de estatua frente al mundo?

¿Oyes tu corazón latir como un aullido?

Dime: si ahora que lo abrazas
estás como fluyendo y el agua
se hace sólida en tu espalda,
¿qué cierras al ser de nuevo en él
la historia que empezara con un turista solo,
la cámara de fotos,
la tela donde escribe el trazo de tu sueño
en grutas de secreto, bajo las rocas,
entre los peces sordos?

Todo lo que después será el vacío
es ahora el nudo más extenso
que expande el universo.
La especie vuelve al suelo y vuela con vosotros,
escarba en el crepúsculo buscando
algún lugar para el cobijo.

Dame tu voz ahora y dime
cuánto dejas aquí realizado en la arena,
cuánto piensas que cumples
abrazado a su cuerpo,
cuánto puede ganar la muerte a esta batalla.

IV
Un cuerpo, nada

«¡Amor de siempre, amor, amor de nunca!
Oh, sí, Yo quiero».

Poeta en Nueva York

Brisa, muerte, amor, amor,
te dejo en la luz de una mañana tibia.
sentado ¿o te levantas ya para
caerte? Contigo voy
camino de la brisa hacia los muertos, amor, amor,
todo termina.
Lástima, tormento, he de darte mi voz:
aunque cansada,
es voz de quien levanta el cielo en la sorpresa
del día. Todavía podría entregarte más de mí mismo.
¿Sería suficiente?
Imposible saber quién vio primero
su cuerpo entre las algas,
peces y redes danzando su abandono.
Llaman morgue a la nada. Ni la luz corresponde
al hallazgo de cosas que no tienen figura,
deformados amores que son pasto de nada.
Brisa que trae despojos de tus ansias,
así anuda la vida las trampas y los tiempos.
He de darte mi espacio y, con mi voz,
a mí mismo,
sentir que aliento un ademán de espuma
para abrazar el hueco
del pozo de la nada.
He de darte mi voz, para que acuda
al nudo de todo lo que callas.
Procesión, entierro, escándalo,

sobre tu hombro el dolor
y no se alivia
porque es el dolor del mundo.
Envuelto en el sudario
lo llevas al paso de un pueblo enfurecido.
Negarte por un pueblo es negarte para nada.

En el vaivén acompasado de las horas
alguien comprenderá quién es el muerto
y te dará su abrazo, su fuerza,
acaso su palabra.
Hay quien sabrá ya, desde hace tiempo,
cuántas veces puede morir un mismo hombre
y mirará hacia el suelo por no ser reconocido.

Se cierne ya la sombra,
amor, amor,
donde el viento acaricia las rocas
suavizando un planeta tan árido.
Brisa, yodo, azul, murmullos, rezos,
nada.
Alguien más te acompaña,
pero estás solo en la tarde
porque es tu despedida.
Dejar de respirar debe ser más sencillo.
Pero va la brisa, amor, amor,
rozando tu silencio y no le dice nada.

Dime si sigues vivo,
si alienta todavía, amor, amor,
si arde el sol o es mentira la luz
o si suspira el mar
en el que arrojas, alimentando su resaca,
cosas que del amor quedaron como un resto.

V
La despedida

Lo verás otra vez, en el mar, sobre la barca.
Te estarás despidiendo de él,
de ti, del agua ya en sosiego.
Sentirás que está ahí, mirándote de cerca,
tocándote, queriéndote
y entonces será un duende
besándote la boca,
una boca en el tiempo, en el paisaje
que se enreda a tu cuerpo y te sostiene
en el aire. Muy despacio,
ya casi en el silencio
podrás decirle ahora
«ya no soy nadie»
radiante la palabra.
Barca en el mar, las dos figuras siguen
insistiendo en la tarde,
un murmullo de ondas en el agua
será como un secreto. Pero ya
nada se esconde, no existen las guaridas
ni la intención ni el tiempo.

Atardece en los gestos cuando el cielo se cierne
encerrado en la pausa.
Hasta el mar se ha parado en un lienzo
y enmudecen las aves.
Solo el dolor se escucha,
atraviesa el paisaje como un hacha invisible,
construida en dolor y desventura.

Y tu hermosa silueta se recorta distinta,
se dibuja en la barca.
Tu silueta que calla, interpuesta al ocaso
al silencio del mundo,
solo forma en la ausencia,
un vacío en el sol
que a sí mismo se devora,
un abismo al que arrojas
todo lo que se queda,
lo que queda de ti,
que palpita y se ensancha,
se recuesta y se pierde
en la tarde sola del mundo.

EL TIEMPO ENSIMISMADO

Destrucción y retorno

Algo que parece un cielo turbio,
la bruma en la que pierdes el contacto
contigo, tu nombre
y tu conciencia,
te vuelve témpano
que vive y surca el tiempo
dejándose llevar por la marea,
siempre la marea:
una fuerza de ingrata multitud
que impulsa la desgana.

Algo así, no sé, esa imagen,
edificio de un hombre que se abole
en el rápido desliz de un pensamiento
sin fondo,
al fin, sin más, se desvanece.
Interrumpes el paso,
las violencias antiguas precipitan su huida
y preguntan por ti.
El tiempo ya es benigno, la herida es una espera,
la venda, innecesaria.
Hay nubes que invitan, sin descarga,
al estreno de un aire
mientras buscas un tiempo que cancele tu asombro.

Protégete del alba. Si sales a la calle
protégete del hielo, impide la marea,
devuélvele al estrépito la razón de la huida,
evita un viejo impulso,
invéntate un escudo,

y nunca te conviertas
en otro que camina con alguien simplemente,
ausencia que se yergue
para avanzar sin nada.

Quédate aquí, donde traspira el tiempo
la corriente del pulso.
Tú mismo sabrás reconciliarte,
devuélvele al espejo la imagen que recobras,
ilumina la estancia y canta, piensa, escribe,
sin lucha contra nada ni nadie
y respira, respira, respira,
que es preciso
que esto que estalla de repente,
este impulso que avanza en la sorpresa,
llame a tu puerta
                    entre
y resucite a un vivo.
Algo así, de repente.

CUESTIÓN DE FE

Así de joven yo
como la escarcha vuelve
nueva cuando el alba
amaga otra mañana.

Así de joven yo, quizás ahora
pudiera asomarme a la ventana
desde un cuerpo
que aventaja al alba y a la escarcha
y adelanta al sueño y, en la aurora,
sigue imperturbable,
como ofrecido al aire.

Así de joven yo
y fuera casi otro,
quizás otro yo mismo
anunciando mi futuro.

Así de joven yo
y quizás pudiera entonces
salir como ahora mismo,
abriéndome a la calle
por el placer, acaso,
del manto de la luna
sobre mi carne ávida.

Así de joven yo
y entonces ya sería
simplemente una ofrenda
a un mundo receptivo.

Y puede que creyera,
quizás también creyera.

ANALOGÍAS

A Octavio Paz en celebración
de su Repeticiones

El traje, la corbata, el agujero negro, la luz del día,
la noche acogedora.
Eso que soy, lo que parezco,
aquel aturdimiento que a veces
me corrompe.

La casa como un campo recorrido de estrías;
la música, su tempo, el curso de su sangre,
su roja invitación a seguir vivo,
el silencio, que suma, si restan las palabras.
Todo lo que transita una calle, una espina,
el humor de unas horas, un dolor,
y sospecha del aire,
porque parece aire, solo aire.

Creer que el tiempo marcha en el hábito del péndulo.
Los muros, esos gestos, palabras, piedras
frías, las piedras, tantas piedras.
La mano que me alcanza, me tiene, que me aplaca,
calor húmedo, la calma,
un ciego retroceso.

Las venas de las calles; las gentes con su sangre
circulan como ansia movida por sí misma.
No llegar nunca a sus razones.

El curso de la rabia en el puño cerrado,
negras nubes de espanto que buscan un invierno
y un tumulto de ganas dormido en las aceras.
El mundo es este anónimo jadeo de las horas, piedras frías,
las piedras, tantas piedras.

La noche favorable.
La íntima presencia de tu cuerpo en el cuarto.
La casa y sus ventanas, terribles transparencias
que están del otro lado. Aquello que respira
más allá de la calma, del vano
de una puerta, oscura insinuación de los hogares.
El nudo en la garganta. El muro,
su piedra acumulada
que alza su figura y hace un cuarto,
lo que cierra en el aire algo salvaje,
la sangre derramada, las gotas de la sangre, piedras
frías, las piedras, tantas piedras.

El ruido de la calle, la derrota del día,
mi ciudad que termina.
El timbre de un deseo que se clava en los ojos,
un cuerpo y otro cuerpo, desatinos
que abrazan y son cuerpo, el augurio
de un tiempo que ya estará sin tiempo,
la luna que se asoma, la frívola versión
de lo que se ha amado. Las manos, piedras frías,
las piedras, tantas piedras.

El sonido del aire cuando se invoca al viento,
remolinos, aullidos, silencio, despedidas.

La casa hecha de cuerpos y cosas
y los libros.
Lo que aísla del miedo. Lo que lo reproduce.
El traje, la corbata, la invitación al lodo,
los grupos de palabras
que insisten derrotadas.
Los sueños que circulan, realidades,
recuerdos, piedras frías, las piedras, tantas piedras.

El término de un límite, su filo en la garganta,
la débil coartada de la noche.
El día: paréntesis, un fraude.
El río incontrolado del deseo.
El resplandor de la herida, los rotos azulejos
de unos ojos, escarcha, piedras frías, las piedras
tantas piedras.

Esperar el derrumbe de todo lo quebrado,
no poder sostenerlo.
El grito que se ahoga, la pérdida de un sueño.
Estar aquí sentado en todo lo que existe
y es mentira,
estar en lo que apaga la luz y nos devuelve
a lo oscuro. Desfallecer de pronto,
intentar otra vez la madrugada,
el olvido de todo,
olvidar lo que escribo, lo que pensé y no pude,
y volver a la casa y quedarse perdido entre las sombras,
piedras frías, las piedras,
tantas piedras.

Contornos del vacío

Nada

Miras la luz y gritas.
Luego te calla el viento, el aire te apacigua
como debajo de agua.

Ya no existen palabras.

Buscas la luz de nuevo; se abre el amanecer
y es un vértice, una esquina
que hay que doblar sin fuerza
hacia donde gira el mundo
y abre el día,
para todo
o para nada.

Miras la luz, insistes.
Puedes gritar, no gritas.
Proclama el silencio un hueco
y callan tus pies sus pasos.
Rayos que son señuelos, fatal atracción
del día. Puedes mirar,
no hay nada.

Asido a este tronco inútil, rama mecida al aire,
tedio dejado a solas,
pasas rasgando el cielo, dejas rumor vacío,
pisas, pero no pisas,
un transeúnte en marcha.
Calla, calla, calla,
no digas nada.

Luz que traspasa un sueño, hombre que
es solo un gesto, calle que no es ni calle,
vas como en un descuido, miras
pero no ves. Dime si es necesario
ser con los que te cruzas
algo más que tus huellas. Todos los corazones
tienen el son parado.
No tienes ya destino,
haces hueco en tu marcha.
Dejas aire que es humo,
ahogas, helado, un grito,
vas caminando solo
y sabes que siempre es nada.

PARA NADA

Se abre la tarde inquieta
al absurdo baile de la nada.
Un silencio lejano de trompeta
como un *jazz* dejado al paso
me exonera del llanto y la palabra.
No busco nada que no hubiera ya encontrado
en otro baile absurdo de otra tarde cualquiera.

Este solo de hombre y desventura
y este horizonte plano
que proclama su destierro
me llevan a una noche nueva de Sevilla,
un presagio de exilio de almas y de olvido.

Llega, así, la noche y me acorrala,
nace en unos pasos que yo no reconozco,
un martillo de sombras sin origen,
esta danza macabra
que no es del todo humana
y es cuando me pregunto
¿quién soy yo?

Quizá este que existe
y baila para nadie.

TODO LO QUE CONOCES

He visto cómo el agua rompía en el promontorio,
espuma hecha de rabia,
bajo el vuelco de un cielo
cuyo peso de furia empujaba hacia el suelo.
En el centro de todo
anidaba el deseo
y también se estrellaba
contra el cuerpo ofrecido.
Deshacía su espuma
y volvía a su encuentro
con un silencio lleno de palabras y fondos.

Conozco los silencios que siguen
cuando estalla una luz que atraviesa
la verdad en sigilo
y aparece el vacío,
el abismo,
la nada,
y hasta tú, que eres ese que ve quebrarse atávicos
los ciclos del agua en aquel promontorio,
ya no pareces tú ni el paisaje es el mismo.
Solo el plomo del cielo sigue empujando a un fondo
que contemplas oscuro, sin límites, y acabas
estrellando la espuma de tu vida en la nada.

LA VIDA REITERADA

El camino de siempre

Sobre el puente van seres que avanzan como sombras,
no se miran y esconden un cansancio privado,
un botín conseguido desde un tiempo remoto
que nadie recuerda cuándo se inició.
Sobre el puente se avista la ciudad que ya es otra
y hay un río que calla debajo de sus muros,
un reflejo esmeralda que parece trazado
como el turbio dibujo de una mano imprecisa.
Todo arriba transcurre con las cosas humanas
y las sombras prosiguen la corriente de un cauce
—la acelerada urbe que regresa o se apaga—.
Miro el río, que es agua o cristal o mentira
y es un mito, quizá, la nostalgia de un sueño
el pincel de unos ojos que no ven lo que miran.

Se apresura la tarde a caer como un pozo
y retira la luz, voz del mundo que calma
el misterio del fondo. Seres cuya mitología
no quiso ser escrita
habitan en lo interno del curso de un murmullo
entre plantas y peces que esconden maravillas
debajo de una luna que, más que avanza,
encubre un universo en llamas.
Asciende como niebla el desamparo
de un mundo que no es nuestro.
La ciudad se defiende al límite del sueño,
fingiendo que algo late en el pulso de un faro
que corre atravesando la avenida.

Cruzo el puente en la noche
con el peso del mundo
en los huecos bolsillos de mi abrigo
o es, ahogado, mi peso sobre mis pasos solos,
mi apresurado ritmo de vorágine pura.
Es la hora sin tiempo del poniente.
puerta abierta del paso de un fantasma,
huella dura del signo de un suspiro.

Paso el puente que es aire,
figurando un espectro de mandíbula dura
que apresura su marcha para alcanzar, al fondo,
una forma velada de silencios opacos.
Un vapor, una niebla, una bruma que calla
borran al fin el río, su cauce sospechado,
evaporan el puente, transfiguran la marcha
de un agua que transcurre al margen de los sueños.

* * *

Noche oscura, luna a veces, silencio.
El silencio.
La ciudad se demora, se ensimisma, se aquieta.
Unos pasos resuenan: son un eco sin rostro
que insinúa lugares que fueron de otra forma.
La deriva del río
la magia de su tiempo,
el rastro de los seres que habitan otro sueño,
la estirpe del silencio,
quedan atrás siguiendo un discurso de sombra.
La ciudad transformada, la luz de sus farolas
cascada amarillenta de fríos resplandores,
un presagio que tiembla más allá de las cosas.

Solo el río se marcha
sin nunca irse del todo,
como un pulso, una sangre, una vena entreabierta,
un aliento continuo, un impulso.
Es el tiempo que habla.
Es la vida que insiste.
Es la sangre que marcha buscándose a sí misma.
Es que queda esperanza
o quizá solo quede
la ciudad con su río,
el puente que atraviesa
el curso de las aguas,
el refugio de un hombre de vuelta del trabajo,
el amor que espera tibio
habitando la cama.

PALABRAS PARA UNA ESPERA

Esta fría mañana,
de este invierno tocado de un estruendo de luces
que se abren camino en la espada del aire,
me decido a escribirte desde esta lejanía,
eso que es hoy y siempre
el curso incomprensible de mi vida.

Qué difícil decirte lo que yo no me atrevo
a decirme a mí mismo.
Esta ausencia sin límite,
laberinto de espejos
cuyo final sea, acaso,
la simple conjetura
o la sangre fluyendo donde el cuerpo no es nada.
Al final hay un grito
que se queda varado en un hombre que marcha
como hundiendo sus ganas en la noche sin rumbo.

Puede ser que ahora mismo
solo quiera escarbar en la tierra buscando

un camino de túnel
hacia un fondo de tiempo
y te encuentres del lado de un extremo del túnel
y mi voz se confunda
con el aire que roza la pared y no sepas
que soy yo
que he llegado
todo lleno del barro.

Y aquí estoy, aquí sigo,
un intruso flotando en el mar de los otros,
continúo aferrado a sus ritos salvajes,
salvavidas de olvido,
tentativas que acaban silenciado las voces
que aquí dentro perforan
el carácter,
los huesos.
Ellos pasan, son aire.
Son el curso de vena de unas voces que corren
a alcanzar la estación donde aguarda una espera,
la extrañeza, lo raro que estar esperando.

¿Tú estás bien? ¿Todo en orden?
¿Es allí de otro modo?
Solo espero que vuelva
el caudal de tu risa, el abrazo
de un hombre desde un lado del mundo
donde pueda encontrar que aún existe el amigo.

Pongo fin. Da recuerdos.
Diles a todos que quiero regresar de este lado
y dejar todo esto que no sé lo que espera,
si un suceso de sangre
o un reguero de ausencias.
y confío en que pienses siempre en mí
como antaño, en la ansiosa pesquisa de unos niños que
                                    [piensan
que es posible saber
el final de las cosas.

NADA MÁS QUE EL OLVIDO

No es el calor lo que tiene importancia
ni esta calle atestada del tránsito de gente,
ni el largo de un camino donde no hay
nacimiento: costumbre de unos pasos,
ideas de desechos.
Tampoco es cosa mía
su miedo y su esperanza.
Mejor que todo calle esta tarde de olvido,
aquello que no es nada ya nada nos concierne.
Mejor que todo estalle esta tarde sin rumbo,
que quede atrás aquello que se quema de pronto
en un gesto imprevisto,
que aguardaba en mi cuarto
esta tarde cualquiera.

Qué valen estas calles eternas que deslizan
imágenes que pasan, atraviesan el aire
y abandonan un surco dejando un hueco inmenso
aquí, donde el destino parece ineludible,
la vía de un convoy fijado en tierra muerta.

Mejor que no haya nada más allá del olvido.
Crear un desapego, buscar una salida
y empujar adelante aquello que me impide
respirar.
Pienso en el mar,
su azul en mis ojos se abre
como el sol en su cenit
y entonces ya no importa el ruido,
ni el silencio,
ni todas estas cosas que hoy ya no comparto.

Habito un nido extraño.
Quizá una ratonera, una trampa mortal.
Aquí ya no entra el aire y busco
en la ventana un paisaje de viento
que perturbe mi boca y haga pulmón del cuarto.
Al límite de todas estas cosas
hay tanto que ya no vale nada.

No me pesa el calor de esta fiesta solar
que no perdona al hombre que camina.
Ni el sudor que cae sobre mi frente
y me obliga a cerrar los ojos un momento.
Hay un tiempo que dejar donde la nada existe,
porque solo a la nada aporta su transcurso
un momento de gloria.

No, no vale nada hacer un nuevo intento
después de un cruel derrumbe,
aquel asesinato de las horas
deshechas debajo de la nada.
¿Qué puede aportar un solo hombre
que incite una lectura de los hechos
distinta a los despojos que acumulo?
Todo se vuelve turbio cuando se enreda el tiempo
y el miedo se apodera
de cosas y de seres.
Ya nadie es lo que fue hace solo un momento
y hay cristales rotos donde posar la rabia.

Y no tiene sentido dejar la triste herencia
de un dolor innecesario.

Mejor que nada importe,
que estalle por los aires su cruel significado. Hacer
del gas virtud y esperar que el veneno
disuelva su mentira.
Confiar en ver de nuevo
estrellas en el cielo,
y lluvias que refresquen lo grueso de la tarde,
y brisas que acaricien los cuerpos,
el abrigo del tacto,
que invoquen unos ojos,
pupilas que se queman,
las palabras de nuevo
las palabras.

Qué puede importarme, pues, esto que pasa.
Si pasa y está hecho.
Si cierro tantos rostros a la tarde
y veo que no hay nada.

Solo el camino

> «Este camino
> ya nadie lo recorre,
> salvo el crepúsculo».
>
> Basho

I

Este camino invita al extrarradio.
Un punto de luz sobre lo oscuro brilla
y hay puertas cerradas sobre el asfalto en sombra.
Alguien desgrana una plegaria
cuyas palabras suenan a restañar de dientes;
incomprensibles signos de un corazón de olvido
dejado a solas en una letanía.

Este camino invita a la penumbra
y a una charla confusa
en una eterna noche de acontecer umbrío;
una persona sola permanece en su olvido,
habla a solas y no concluye nada,
porque el final se enreda sobre la escarcha
y hay un frío interior cuando el latido insiste.

Hay un tiempo sin sueños aquí donde caminas,
donde esculpir mañanas es un reto imposible.
Hay momentos de nada en que todo se empoza,
confuso como un mar rompiéndose en sus olas:
una espuma que insiste, estremecida
y luego es el silencio que impone sus razones.

Un camino que abordas con pasos en la noche.
Puertas infranqueables procuran un silencio
de absurdo camposanto.
Una luz, a lo lejos, sobre lo oscuro brilla,
miras allá, como al final de un túnel
o un delirio.
Como un fantasma cruza momentos repetidos,
dices algo extraño que ni tú mismo entiendes,
y alcanzas una ausencia
y ves que ya no hay nada.

II

Este grito es la voz secreta del camino,
es noche en la que vagas,
pensando en otras cosas,
acaso despidiéndote de ideas y costumbres.
Camino que te lleva a un extrarradio
que apaga los discursos y ensalza al enemigo.
El ruido que se oye
es lenguaje de espada que se afana
en la sangre.
Hay una noche que nunca roza el alba,
sin promesa de día.
Solo un punto de luz sobre lo oscuro brilla,
luciérnaga a lo lejos,
señuelo de cadáveres.
un saludo de algo que insiste indiscernible,
como una estrella sola cuya luz divaga.

Este sendero en el que avanzas
murmura algún augurio
de atardeceres rotos,
de palabras vencidas,
de esfuerzos derrumbados,
de pasos que se pierden y son nada,
quizá vapor de un sueño.

Este aspaviento oscuro de la noche
te encuentra ensimismado
y, vuelto hacia el silencio,
invoca, lento, un grito,
el humo de una espera.

Voz de este camino,
aullido que demora
el sentido de una noche
que, lenta, descerraja
el tránsito de un tiempo
que no será narrado.

III

«La noche se afianza
sin respiro, lo mismo que un esfuerzo».

Jaime Gil de Biedma

Si abres los cajones estarán tan vacíos
que será un desamparo.
Será como habitar, inseguro, un espacio.
Te acompaña el silencio
la aspereza del aire,
el golpe de la sangre que afila su contacto
en la vena callada, la fisura
de un tiempo
que aturde tu camino.
Será el aire vencido,
será la tarde muerta,
será el tiempo que pasa,
será un reloj que estalla
y borra de golpe todos los latidos,
pequeñas vibraciones,
nerviosos animales que son caligrafía
del mundo que abandonas.
Si abrieras los cajones que no abres
por no aventar ahora el polvo desprendido
de todo lo que queda descansando en el duelo.
Qué silencio de cuadro se fija en tus sentidos
y alienta este desmayo
de pasos que no cesan.

Pavimenta la ruta un desvarío
sin causa,
un deseo de luz que no te espera.
Puertas cerradas franquean el camino
y un aire que no pasa
abandona tu aliento.
Cierras los ojos:
hay algo que se gesta
en la piedra
que el camino previene.
No miras, ya no importa,
y sigues el camino que antes de ser
ya andabas.

IV

Si de esa luz brotara algo más
que no fuera lo mismo.
Si una vez por lo menos
esa luz no estuviera tan lejos
y no invadiera la noche
y la obsesión de tus pasos.
Si pudieras abrir esas puertas de nadie
y tomaran razón de tu paso en lo oscuro.
Si el camino invitara al menos al descanso
y una vez te sentaras y respiraras algo
que no fuera la bruma pesada de la noche.
Y si una vez encontrada esa luz fuera algo,

                                            no sé,

que repusiera aquello que la luz misma aviva,
habrías de emprender los pasos hacia algo,
recobrar el aliento,
esperar la mañana y, avanzando en el alba,
admirar los celajes, los colores, los tonos,
el aviso de un fuego, la ciudad recobrada.
Pero esta oscura piedra,
esta noche sin más, esta arena de nada
donde el camino avanza, donde tu cuerpo va
contigo acostumbrado, invadido de miasma,
no promete, avanza siempre, avanza
aunque se hayan corrompido todas sus mañanas
y no haya tardes cálidas al doblar un recodo.

V

Déjame decirte que esto no es respirar.
Entra el aire a tu boca y no es nada,
no te vivifica, ni engañas a la muerte.
Este andar es olvido
porfiando en lo oscuro, voluntad desbordada,
mineral de la noche,
piedra en un frío de huesos
sin recuerdo,
con un alma dispuesta a no ser alma,
coraza que protege de la nada a la muerte.

Déjame, pues, gritar, poner un nuevo acento,
asomarme al abismo donde siempre se pierden
tantas cosas,
y pronunciar sus nombres,
convocar con palabras sus fantasmas
y seguir caminando un tiempo descompuesto,
que concita miasmas.
Y seguir caminando sin nada, ni nadie,
inventando mañanas
después de los infiernos,
componiendo la música de pasos,
que buscan algo incierto,

y pensar que es posible.

Y seguir caminando.

Solo yo y el camino.

Epílogo

I
Razones de la ausencia

Disuelto como un gas que la mañana ignora
el ruido es un puñado de cosas
que no pasan.
El viento afuera insiste en derribar el mundo
y Jaén se deshace
en las manos del aire.
Aquí dentro el calor del tiempo en el reposo
no hace caso al oído
de algún paso en la calle.
Incierto material que, hostil
provoca ausencias.

Ahora me despido.
No espero dejar una carencia
—su negro temporal de desvaríos—.
Todo es vuestro: la sangre derramada,
la pura muerte hundida
en la carne, en el rostro
una huida que los ojos no acallan,
en la voz una bala de palabras ya ausentes.

Todo es vuestro.
La conquista os ensalza,
poseéis todo aquello que acumula la muerte
y quedáis ocupando un silencio de espanto.

Yo me quedo aquí dentro
desde donde os ofrezco la razón de la ausencia,
la muda condición del enemigo
y puede que el dolor.
No sé.
Puede que nada.

II
PRESENCIA

Estoy aquí y aporto
el gesto que clausura un espacio,
un tiempo, algo que fue
pero se queda en el sigilo de la célula,
su íntimo silencio. Pregunto quién soy
y me responde el aire, el agua de la lluvia
o el ruido de la calle.
No soy en el vacío. No soy sin conexiones,
sin los lazos cortos que el corazón reclama.
Estoy en el presente que acumula
la sombra intestinal hecha cultura. Soy
del día y de la noche.
Demasiado yo para seguir andando.

Este autor tiene mucho que agradecer a dos escritores amigos jieneses: quiero dar las gracias a Juan Carlos Abril y a Juan Manuel Molina Damiani. Poetas de Jaén y amigos. Gracias por su generosidad, por su apoyo. Es bueno tener grandes maestros.

ÍNDICE

LA VIDA REITERADA

SOLO EL CAMINO

EPÍLOGO